職業・家庭

たのしい職業科
わたしの夢につながる

編著　全国特別支援教育・知的障害教育研究会

もくじ

1　職業科で　何を学習するの？ ……………………… 4
　1　中学生に　なって　　　2　自分の　将来を　考えよう
　3　自立と　職業の　大切さ　　4　身につけたいことを　考えよう

2　はたらくって　どんなこと？ ……………………… 8
　1　どんな　仕事が　あるかな？　　2　仕事の　様子を　見てみよう
　3　仕事に　必要な　技術と　能力　　4　自分が　やってみたい仕事

3　机を　つくろう！　道具の　使い方 ……………………… 12
　1　木で　机を　つくってみよう　　2　道具や　部材を　そろえよう
　3　角材を　切って　脚の部材を　つくる　　4　部材を　組み立てる

4　パンを　焼こう！　基礎技能を　身につけよう ……………………… 16
　1　パンは　家庭でも　かんたんに　つくれる
　2　調理用具と　材料を　そろえよう　　3　生地を　つくろう
　4　さあ，パンを　焼こう

5　清掃名人に　なろう！ ……………………… 20
　1　清掃の　大切さ　　2　清掃道具・ごみの分別
　3　清掃技能検定　　4　上達するための　近道は？

6　協力しての　園芸　パート1　花づくりの　流れ ……………………… 24
　1　花づくりの　ステップ　　2　四季の花　いろいろ
　3　作業の準備　　4　作業の手順

7　協力しての　園芸　パート2　花苗の　管理 ……………………… 28
　1　いつも行う　作業　　2　各作業の　内容　　3　各作業の　やり方

8　協力しての　園芸　パート3　花壇を　つくろう ……………………… 32
　1　デザインを　くふうした　花壇を　つくろう
　2　花壇づくりの　各作業　　3　各作業の　手順　　4　花壇の　役割

9　事務用品，事務機器を　使おう！ ……………………… 36
　1　事務用品，事務機器の　種類
　2　かんたんな　事務用品，事務機器の　使い方　　3　電話の　受け方
　4　受注体験

10 パソコンに ふれてみよう！ …………… 40
1　マウスを　使おう　　2　インターネットを　見てみよう
3　キーボードを　使ってみよう

11 タブレットを　使おう！ …………… 44
1　タブレットを　さわってみよう　　2　楽器アプリを　さわってみよう
3　カメラアプリを　使おう　　4　絵本アプリで　本を読もう

12 現場実習に　行こう！ …………… 48
1　実習先を　知ろう　　2　準備を　しよう
3　実習ノートを　準備しよう　　4　わたしの　実習計画
5　現場実習から　帰ってきたら

13 実習報告会を　しよう！ …………… 52
1　現場実習を　発表しよう　　2　発表の　準備を　しよう
3　実習報告会の　準備を　しよう　　4　実習報告会を　はじめよう
5　まとめを　しよう

14 自分の　楽しみを　持とう！ …………… 56
1　生活の　リズムを　知ろう　　2　生活の　リズムと　健康
3　休日の　生活の　楽しみ方　　4　これからの　楽しみ

15 自分の　将来を　考えよう！ …………… 60
1　将来の「夢」　　2　自立って　何だろう
3　キャリアマップの　作成　　4　作文「自分の　将来」

マークに気をつけて学ぼう

学習のめあて　その学習項目で，身につけたい目標を確認する
　　　　　　　ところ。

学習のふり返り　学習をふり返って，できるようになったことを
　　　　　　　確認するところ。

安全　けがや事故を防ぐために，気をつけるポイント。

注意　作業をじょうずに進めるために注意するポイント。

1 職業科で 何を学習するの？

学習のめあて　・自分の 将来を 考える。
　　　　　　　・職業とは 何かを 知る。

1 中学生に なって

子どもから 大人へ。
中学生は 大人になるまでの 途中です。
小学生とは ちがいます。　制服を着ます。
授業の 担当の 先生が 変わります。
次は 高校生です。　それから 大人へ。
大人に 向かって 学習しましょう。

2 自分の 将来を 考えよう

(1) 大人になったら 何がしたいですか。考えてみましょう。

(2) 大人になったら 何がしたいか、友だちに 聞いてみましょう。

(3) 高校生の 先輩に 高校での生活や 実習について 聞いてみましょう。

卒業生の 話を 聞く会の様子

3 自立と 職業の 大切さ

(1)「自立」とは？

みなさんが 大人になったら 自分で 生活することが必要に なります。

それを 「自立」と いいます。

(2) 自立するために

自立するためには お金が 必要です。

お金を かせぐためには はたらかなければなりません。

(3) 職業の 大切さ

自立して 生活をするために 職業(仕事)を 決めて はたらき続けることが 大切です。

はたらき続けることが できる 職業(仕事)を 見つけましょう。

4 身につけたいことを 考えよう

(1) 中学校3年間で 身につけたいことは？
みなさんは 中学校の 3年間で 何を 身につけたいですか。

(2) 自立するために 必要なことは？
自立するために 必要なことは 何だと 思いますか。

(3) どんな職業（仕事）を したいか
大人になったら どんな職業（仕事）を したいですか。今，いちばん 興味のあることは 何ですか。

学習のふり返り

□自分の 将来，自立，職業について どう考えたか，まとめて みましょう。そして，みなさんで 発表し合いましょう。
- （自分の将来）
- （自立とは）
- （自分の職業）

2 はたらくって どんなこと？

学習のめあて　・はたらくことの 大切さを 知る。
　　　　　　　・仕事の 種類や 仕事をするために 必要な力に 気づく。

1 どんな 仕事が あるかな？

　社会（学校の外）には どんな 仕事が ありますか。
　みなさんが 登校や 下校するときに，まわりを よく見てみましょう。
　いろいろな人が はたらいていますね。
　毎日，電車や バスが 動いています。運転士さんがはたらいているからです。
　スーパーマーケットでは 野菜や 魚や 肉や パンなど食べ物が いっぱい 売られています。それは はたらいている人が いるからです。

2 仕事の 様子を 見てみよう

(1) 学校で はたらいている人たち
　＜調べるプリント＞を 用意し，学校で はたらいている人たちに 話を 聞きに 行きましょう。

(2) 学校の外で はたらいている人たち
　＜調べるプリント＞を 用意し，学校の 外で はたらいている人たちへ 話を 聞きに 行きましょう。

＜調べるプリント＞

どこで？	
だれが？	
何をしている？	
気づいたこと すごいと 思ったこと やりたいと 思ったこと	

はたらくって どんなこと？

3 仕事に 必要な 技術と 能力

　＜インタビュープリント＞を 用意して，仕事に 必要なことは 何か いろいろな人に 聞いてみましょう。

＜インタビュープリント＞

だれに聞く？	（例）学校の 用務員さん
仕事は何？	（例）学校の 中を きれいにする
気をつけていることは？	（例）学校を いつも きれいにしておく
大変なことは？	（例）階段の 掃除が 大変
必要なことは？	（例）重い物を 持つ体力
楽しいと思うときは？	（例）生徒に お礼を いわれたとき

4 自分が やってみたい仕事

仕事を 調べたり, 仕事をしている人に インタビューしました。自分が やってみたい仕事は 見つかりましたか。その仕事を している人に なりきってみましょう。

(1) 自分が やってみたい仕事

[　　　　　　　　　　　　　　　　　　　]

(2) 必要な物（服装や 道具）

[　　　　　　　　　　　　　　　　　　　]

(3) どうすれば その仕事が できるようになるか

[　　　　　　　　　　　　　　　　　　　]

学習のふり返り

★はたらくことの 大切さが わかりましたか。
□どんな仕事がありましたか。やってみたい仕事は 見つかりましたか。仕事をするために 必要な力は何ですか。
● (仕事の 種類)
● (やってみたい 仕事)
● (仕事をするときに 必要な力)

はたらくって どんなこと？

3 机を つくろう！道具の 使い方

学習のめあて
・正しい 道具の 使い方を 知る。
・安全に 作業して，正確に つくる。

1 木で 机を つくってみよう

どうやって つくるの？
・いろいろな 道具を 使うよ！
・のこぎりを 使って，木を 切るよ！
・電動ドリルと 電動ドライバも 使うよ！
・道具の 正しい 使い方を おぼえて つくってみましょう！

2 道具や 部材を そろえよう

(1) 道具

いろいろな 道具を 使って，木を切ったり，組み立てたりします。道具の 名前と 使い方を おぼえましょう。

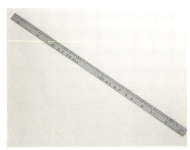
定規

直角定規

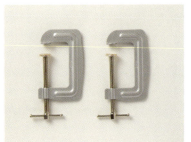
クランプ

のこぎり

電動ドリル

電動ドライバ

(2) 部材

机を つくる 部材を そろえます。
脚と 横木は，はかって，切って，つくってみましょう。

①天板　1枚
②角材（脚4本・横木2本）
③幕板　1枚

机を つくろう！ 道具の 使い方

3 角材を 切って 脚の部材を つくる

(1) 角材の 端から 30cm の 長さに 切断線を ひく

❷目盛り 30cm に 直角定規を 合わせる。

❶木材の 端と 定規 の端を 合わせる。

(2) 木材が 動かないように クランプで とめる

当木を して, ジグを あてて, とめる。

(3) のこぎりで 木材を 切る

切断線を よく見て 切る。

のこぎりは ひくときに 切れます。
切断線の 正面に, 足を 少し開いて, 立ちます。
両手で のこぎりを 持ちます。
まっすぐ ゆっくり ひきます。

注意
のこぎりの 刃が ジグから はなれ ないように 注意 する。

4 部材を 組み立てる

電動ドリルで，下穴を あけて，電動ドライバで，ねじどめします。

- 電動ドリルは，両手で 持って 刃を まっすぐ 立てる。
- 電動ドライバの 先を，ねじ穴に，ぴったり はめる。

(1) 脚を 組み立てよう

脚2本と 横木1本を 枠にならべて，下穴を あけて，ねじで とめます。

(2) 幕板・天板を 取りつけよう

幕板を 取りつける。　　　　　　　　　　　天板を 取りつける。

学習のふり返り

★正しい 道具の 使い方が わかりましたか。
□むずかしかったこと，おもしろかったことを，発表し合いましょう。
●

4 パンを 焼こう！
基礎技能を 身につけよう

学習のめあて　・調理用具の 正しい 使い方を 知る。
　　　　　　　・手洗いなど 衛生面に 気をつけて 調理をする。

1 パンは 家庭でも かんたんに つくれる

　みなさんは パンが すきですか。
家庭でも かんたんに パンを
つくることが できます。
　材料を そろえて おいしいパンを
つくって みましょう。
　まずは，きれいに 手を 洗って，
みじたくを しましょう。

2 調理用具と 材料を そろえよう

(1) 調理用具

計量カップ

計量スプーン

あわ立て器

ゴムべら

耐熱容器

まな板

左からクッキングシート，アルミホイル，ラップ，ふきん

(2) 材料

強力粉　100 g

牛乳　75mL

バター　8 g

塩(小さじ1/6) 1 g

砂糖(大さじ1) 9 g

ドライイースト(1袋)3 g

パンを 焼こう！ 基礎技能を 身につけよう

3 生地を つくろう

材料を まぜ合わせて 生地を つくります。材料を 加える 順番を まちがえないように 気をつけましょう。

1. ❶耐熱容器に 牛乳と バターを 入れて 電子レンジで あたためる。（600Wで30秒間）。 → あわ立て器で バターを とかす。

2. ❷塩, 砂糖, 強力粉（1/3）, ドライイーストを 順番に 加えて, あわ立て器で まぜ合わせる。 → 残りの 強力粉（2/3）を 加えて ゴムべらでまぜる。

3. ❸生地がまとまってきたら, まな板で こねる。
※「たたんで・のばす」を 10～15回 くり返す。
たたむ。 のばす。

4. ❹耐熱容器に クッキングシートを しいて 生地をのせる。上から クッキングシート・ラップを かけて, 電子レンジであたためる。（170Wで30秒間）。 → 生地のできあがり。

4 さあ,パンを 焼こう

さあ,パンを 焼きましょう。みなさんが つくった生地が,ふくらんで,パンになります。

1
- ❶生地を,6つに切る。
- ❷切り口を 中に 入れ込むようにして まるめる。
- 閉じ目を つまみ しっかり合わせよう。

2
- ❸生地の上に ラップ・ぬれふきんを かぶせて,10〜20分間 おいておく。
- ❹皿にクッキングシートをしいて 生地をならべる。ラップを かけて 電子レンジで あたためる。(150Wで 30秒間)。
- ❺取り出して 10分間おくと,生地が ふくらんでくる。

3
- ❻天板に アルミホイルをしいて バターをぬる。❺をならべてオーブントースターで焼く。(750Wで 10分間)。
- パンのできあがり。

学習のふり返り

★ 調理用具の正しい使い方がわかりましたか。

☐ おいしいパンが できましたか。パンづくりで おもしろかったこと,むずかしかったことを,みんなで 発表し合いましょう。

5 清掃名人に なろう！

学習のめあて
・日常清掃の 大切さが わかる。
・進んで 清掃しようとする 気持ちが 持てる。

テーブルふき　　床清掃

1 清掃の 大切さ

　あなたが 健康に 暮らすためには，清掃は 欠かせません。清掃をして，ごみや ほこりを とりのぞき，気持ちよく 暮らせるようにしましょう。

★あなたは，どちらの環境で 生活したいですか。

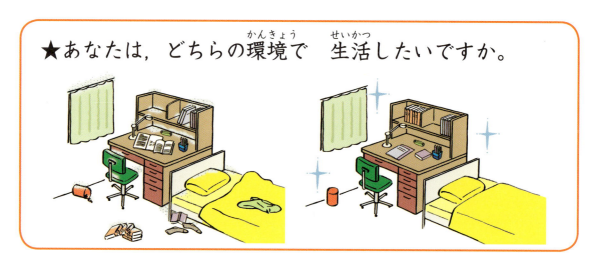

2 清掃道具・ごみの分別

(1) 清掃道具

清掃道具は、清掃する場所によって 使い分けます。

★あなたが 使ったことがある 道具を、○で かこみましょう。

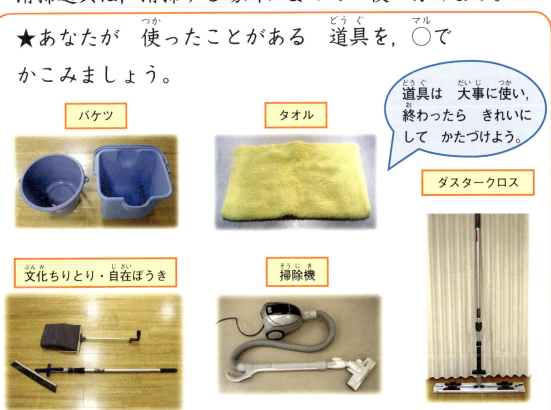

道具は 大事に使い、終わったら きれいに して かたづけよう。

バケツ / タオル / ダスタークロス / 文化ちりとり・自在ぼうき / 掃除機

(2) ごみは 分けて 捨てよう

住んでいる 地域によって、ごみの 分け方や 出す日が ちがいます。あなたの 地域の 「ごみ収集カレンダー」 などで 確認して、ごみを 出しましょう。

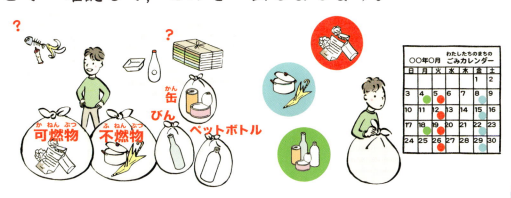

可燃物 / 不燃物 / 缶 / びん / ペットボトル

清掃名人に なろう！

3 清掃技能検定

(1) 清掃技能検定 について

清掃の技能は，将来はたらくときに，あらゆる職場で役に立ちます。

清掃技能検定で，どの程度清掃の技能が身についたか成果を確かめてみましょう。

技能だけでなく，服装や身だしなみ，姿勢や表情，言葉づかいなどのマナーにも気をつけましょう。

(2)「テーブルふき」に 挑戦！
（東京都の 清掃技能検定の 例）

右の表の ❶〜❻の流れに沿って，一人ずつ制限時間内に行います。終了後には，審査員からワンポイントアドバイスがもらえます。

東京都では，テーブルふきを含めて10種目の検定が行われています。

❶ 学校名，名前を伝える
❷ 道具の準備
❸ タオルを正しくたたんで，しぼる
❹ テーブルをふく
❺ 点検
❻ 終了の報告

4 上達するための 近道は？

(1) 認定証が もらえる

検定は，プロの方と 同じやり方で 10の項目ごとに 評価し，参加賞から 1級までが つけられます。終了後は，認定証が もらえます。

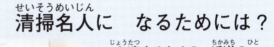

清掃名人に なるためには？

上達するための 近道の一つは，プロフェッショナルに 教えてもらうことです。
清掃のプロが，学校に 教えに 来てくれます。

(2) 毎年 検定に 参加したい！

毎年 続けて 検定に 参加する人が 多くいます。参加した人に 聞くと，もっとじょうずになりたい，さらにむずかしい種目に 挑戦したいと いいます。何度も練習を繰り返し，その成果を 発表する場が 検定です。練習や検定を通して，挑戦する 気持ちが 生まれたり自信がついたりします。

学習のふり返り

★清掃の 大切さが わかりましたか。
□清掃技能検定に 参加してみたいですか。
●

清掃名人に なろう！

6 協力しての 園芸
パート1 花づくりの 流れ

学習のめあて　・花づくりの　流れを　知る。
　　　　　　　・作業の　準備が　正しくできる。

1 花づくりの ステップ

花をつくるには、おもに3つの　ステップが　あります。

(1) 播種（たねまき）

花のたねを　まきます。

(2) 鉢上げ

大きくなった　芽を、ビニルポットに　植えかえます。

(3) 定植（植えつけ）

ビニルポットから、花壇や　プランターに　植えかえます。

2　四季の花　いろいろ

① 春の花：デージー，ゼラニウム
② 夏の花：ベゴニア，マリーゴールド
③ 秋の花：アリッサム，コスモス
④ 冬の花：ガーデンシクラメン，パンジー

春：デージー

夏：マリーゴールド

秋：コスモス

冬：パンジー

3　作業の準備

(1) 服装

園芸の作業は，屋外で行うことが多いです。虫さされや強い日差し，草や木によるけがを防ぐために，写真のような服装で作業します。

○長そで・長ズボン

○つばのあるぼうし

※そのほか作業に必要な物
　（軍手・腰バッグなど）

(2) 道具

　園芸作業で 使う 道具には, 以下の物が あります。先が とがった物もあるので, 先を 人に 向けないように しましょう。

ふご　　　てみ（プラスチック）

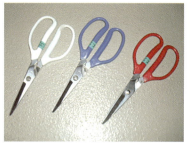

移植ごて　　クラフトばさみ　　こうがい板

4 作業の手順

(1) 播種（たねまき）

❶セルトレイに 土を 入れる。　❷ピンセットで たねを まく。　❸土を かける。

(2) 鉢上げ

❶腐葉土・赤玉土・肥料を まぜ，植えかえ用の 土を つくる。

❷土を ビニルポットに 入れ，苗を ピンセットで 移す。

❸ポットの8分目まで 土を 入れる。

❹システムトレイに ポットを ならべる。

(3) 定植（植えつけ）

移植ごてで，花壇やプランターに 穴を掘り，花苗を 移植します。

プランターに，花苗を ならべてバランスを見る

学習のふり返り

★花づくりの 大まかな流れが わかりましたか。
★道具の 名前を おぼえましたか。
★道具は 安全に 使えましたか。

7 協力しての 園芸 パート2 花苗の 管理

学習のめあて
・除草の 作業を 知る。 ・花がら摘みの 作業を 知る。
・かん水（水やり）の 作業を 知る。

1 いつも行う 作業

　花苗は そのままにしておくと，咲き終わった花が 茶色く枯れ，たねをつけて しまいます。そうなると 見た目が暗くなり，次の花が 咲きにくく なってしまいます。

　また，雑草が 生えてくることもあり，そのままにしておくと，花の元気が なくなってしまいます。

　花が きれいに 咲いている 状態を 保つために，除草，花がら摘み，かん水などの 作業を いつも 行わなければなりません。

2 各作業の 内容

(1) 除草
苗や花壇に 生えてきた 雑草をぬきます。
使う道具：てみ，ふご，
(雑草の種類に おうじて)小鎌，根おこし

(2) 花がら摘み
咲き終わった花や，枯れた花，よごれた花や，葉などを摘みます。
使う道具：クラフトばさみ，てみ，ふご

※クラフトばさみを 使わずに 手で 摘んでもよい。

(3) かん水（水やり）
苗や花壇に 水を やります。
使う道具：じょうろ，ホース（はす口のついたもの）
※発芽する前の かん水では，たねが流れないように 噴霧器を 使って かん水をする。

じょうろ

はす口がついたホース

噴霧器でたねに水をやる様子

3 各作業の やり方

(1) 除草

雑草は なるべく根から ぬきます。

花苗と 雑草の ちがいを よく見て，まちがえないように 除草しましょう。

(2) 花がら摘み

花だけを 摘むと，茎が 残って不自然に 見えます。

次の葉か，茎の分かれ目まで，茎もいっしょに 摘むとよいでしょう。

花がらを 指で つまんでもよいし，クラフトばさみを 使っても よいでしょう。花は ていねいに 一つずつ摘みましょう。

ていねいに 摘んだ花（開ききったもの）は，卓上花として 楽しむこともできます。

花苗と雑草をまちがえないようにする

花がらは茎もいっしょに摘む

摘んだ花は卓上花として楽しめる

(3) かん水（水やり）

水が入った じょうろは重く，不安定なので，必ず両手で持ち，軽く傾けて 少しずつ 水を出すようにします。

はす口は 下に向け，なるべく植物に どろが かからないように，そっと水をやりましょう。

水が多すぎると 根が弱ってしまうので，かん水のめやすとして，土の表面が 乾いてきたら 水をやるようにしましょう。

はす口を下に向け，そっと水をやる

じょうろは必ず両手で持ち，少しずつ水を出すようにする

学習のふり返り

★除草をすることが できましたか。
★花がら摘みを 正しくすることが できましたか。
★かん水（水やり）を 正しくすることが できましたか。

8 協力しての 園芸
パート3 花壇を つくろう

学習のめあて　・花壇づくりの 流れを 知る。
　　　　　　　・友だちと 協力して、花壇を つくる。

1 デザインを くふうした 花壇を つくろう

　育てた 花苗を 花壇に 植えてみましょう。植物の色やたけ、配置の デザインには いろいろな くふうができます。列ごとに 植物をかえたり、シンボルマークを形どって みたりすると 見る人も、楽しいです。花壇のテーマやイメージを 相談してみるのも よいでしょう。

2 花壇づくりの 各作業

(1) 撤去
花壇の 枯れた植物, 雑草などを ぬきましょう。

(2) 土づくり
牛糞などの堆肥や 化学肥料を入れ, 土の 切り返しを しましょう。

(3) 定植（植えつけ）
移植ごてで 穴を掘り, 花壇に 花苗を 植えましょう。

3 各作業の 手順

(1) 撤去
花壇から 植物を ぬくときには, 花壇の土が 減って しまわないように, 根についた 土を 低い位置で 軽く ふって 落としましょう。

(2) 土づくり

　堆肥や 化学肥料を 入れて，剣先スコップで 土を ひっくり返すように まぜましょう。この作業を「天地返し」と いいます。天地返しをしたら，こうがい板を 使って，土の 表面を 平らに ならします。

(3) 定植（植えつけ）

　縦横の 列が そろうように，慎重に 花苗を 植えます。最後は ていねいに 土を 寄せます。

東京都庁都民広場の花壇

東京都八王子市 南大沢駅前花壇
円形の 花壇には 花苗を 同心円状に 植える

4 花壇の 役割

　道路や 公園, 学校, 公共施設などに 花苗を 植えることで, 景観を 美しく見せ, そこに生活する 人たちを 楽しませることができます。

　また, 植物には, 夏に 気温が 上がりすぎるのを 防いでくれたり, 空気を 浄化してくれたりする はたらきも あります。

学習のふり返り

★花壇づくりの 大まかな 流れが わかりましたか。
★友だちと 協力して, 花壇づくりを 行うことが できましたか。

協力しての 園芸 パート3 花壇を つくろう

9 事務用品, 事務機器を 使おう

学習のめあて
・事務用品と 事務機器の 特徴や 使い方が わかる。
・文書の ふうとうづめ作業に 取り組む。

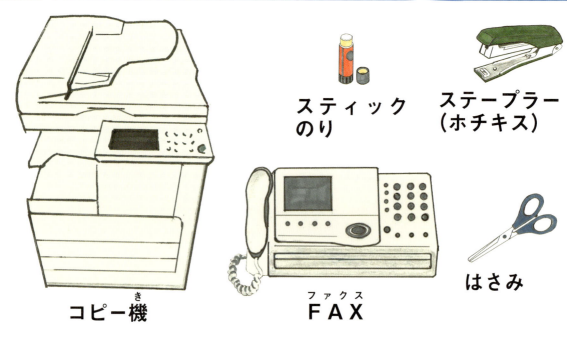

コピー機　　FAX　　スティックのり　　ステープラー（ホチキス）　　はさみ

1 事務用品, 事務機器の 種類

会社や 作業所などでは さまざまな 作業があります。各作業には, その内容に合った 事務用品や 事務機器が 使われています。

各作業に使うものを結んでみよう

文書を コピーする	紙を はる	文書を 送る	紙を とじる	紙を 切る
・	・	・	・	・
・	・	・	・	・
FAX	ステープラー （ホチキス）	コピー機	はさみ	スティック のり

2 かんたんな 事務用品, 事務機器の 使い方

(1) はさみ
ふうを切る。

> 中身を 切らない ようにしよう。

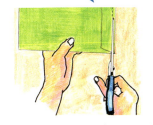

(2) ステープラー
紙をとじる。

> とじる 場所を 確認しよう。

(3) スティックのり
ふうをする。

> 中身に のりが つかない ようにしよう。

(4) コピー機 （文書のコピーをする）

①原稿をおく。　②枚数を指定する。　③スタートをおす。

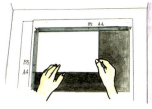  

印刷面を 下にする。　コピー枚数を 入力する。　ボタンをおし, コピーする。
※コピーされているか, 確認する。

(5) ファクシミリ （FAXで文書を送る）

①原稿をおく。　②番号を入力する。　③スタートをおす。

> 番号をまちがえない ように確認しよう。

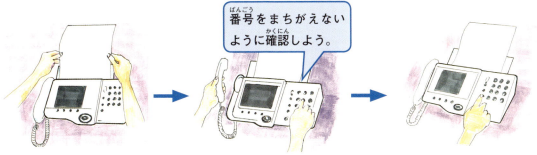

裏表に 気をつける。　FAX番号を 入力する。　ボタンをおし, 送信する。
※送信エラーが 出ていないか, 確認する。

事務用品, 事務機器を 使おう！

3 電話の 受け方

(1) 電話と メモ

　電話を 受けた ときは，相手の 会社名や 名前など，聞いたことを メモします。

　メモが あると，後から どのような 電話が あったのかを 確認することができます。

(2) 不在の 担当者に 電話の用件を 伝える

　不在の 担当者あての 電話を 受けたときは，電話のメモを もとにして 電話の用件を 担当者に 伝えるメモを つくりましょう。

〈担当者が 不在のときの 電話の流れ〉
① 自分の 会社名と 名前を 名のる。
② 相手の 会社名と 名前を 確認する。
③ 担当者が 不在であることを 伝える。
④ かけなおしてもらえるか 確認する。
⑤ 「失礼します」と あいさつをして，電話を 切る。
※ ていねいな言葉を 使いましょう。
※ 大切な内容は メモしましょう。

担当者が不在の場合のメモ（例）

【相手の会社名】
　○○会社

【相手の名前】
　□□様

【電話の内容】
　また，かけなおします。

【日時】
　○月○日　○時○分

　○○さんあて
　△△（自分の名前）より

4 受注体験

(1) 仕事の 内容を 確認しよう

> 案内文書（2枚）の ふうとうづめを 20部 行う

(2) 仕事の 手順を 確認しよう

> ①案内文書を コピー機で 20部 コピーする。☐
> ②コピーした 案内文書の 左上を ステープラーで とじる。☐
> ③ふうとうに，案内文書を 入れる。☐
> ④ふうとうに，スティックのりで ふうをする。☐

（終えた手順はチェックします）

(3) 仕事の 終了を 報告しよう

ふうとうづめを 終えたら 20部 あるか 確かめましょう。
仕事の 終了を 確認してもらいましょう。

学習のふり返り

★事務用品と 事務機器の 特徴や 使い方が わかりましたか。
★文書の ふうとうづめ作業に 取り組むことが できましたか。
☐ふうとうづめの仕事を 行った感想や できたことを 書いてみましょう。
●
●
☐じょうずに できたこと，むずかしかったこと，次へのチャレンジを みんなで 発表してみましょう。
☐提出した 相手からの 感想を 聞いてみましょう。

事務用品，事務機器を 使おう！

10 パソコンに ふれてみよう！

学習のめあて　・マウスを 使うことができる。
　　　　　　　・キーボードを 使うことができる。

1 マウスを 使おう

(1) マウスだけで 遊べるゲームを しよう

　マウスの ボタンを おして すぐ はなすことを クリックといいます。

　クリックして 遊べるゲームを やってみましょう。

(2) パソコンで 話を つくろう

　マウスを 使って 海の絵の中に 魚をならべて 話を つくってみましょう。

★ (1),(2) のゲームはインターネットの「FLASH 教材試作室」にあります。

2 インターネットを 見てみよう

インターネット上のサイト「ＮＨＫ for School」では，さまざまな 動画を 見ることが できます。
　インターネットを使って，動画を 見てみましょう。

http://www.nhk.or.jp/school/

３ キーボードを 使ってみよう

(1) 文字や 数字を 打ち込んでみよう

　キーボードには，キーという ボタンがいくつもあり，一つひとつに 文字や 数字が 割り当てられています。

　キーをおして，文字や 数字を 打ち込んでみましょう。

【キーボードのキーの使い方】
- 英語モードでシフトキーをおして使う
- 英数モード
- ひらがな
- シフトキーをおして使う

(2) 自分の名前を 書いてみよう

　文字のキーを 一つずつおして ひらがなで，自分の名前を 書いてみましょう。

学習のふり返り

★マウスを 使うことが できましたか。
★キーボードを 使うことが できましたか。
□パソコンを 使った学習は どうでしたか。わかったこと，できたことを 書いてみましょう。

●
●

パソコンに ふれてみよう！

11 タブレットを 使おう！

学習のめあて ・タブレットの 使い方が わかる。
・カメラアプリなど アプリの 使い方が わかる。

1 タブレットを さわってみよう

タブレットの 基本操作を おぼえましょう。

タップ

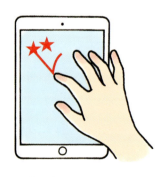
ダブルタップ

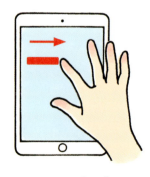
スワイプ

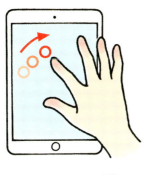
ドラッグ

ピンチイン

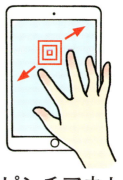
ピンチアウト

2 楽器アプリを さわってみよう

楽器アプリを 使って 音を 出してみましょう。
いろいろな 楽器の アプリを さわってみましょう。

「Awesome Xylophone (すごい シロフォン)」

両手で さわっても 音が 出せるよ。

おまつりのときの ような 音がするよ。

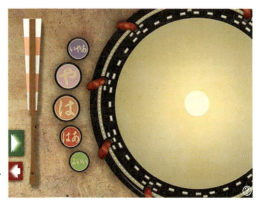
「Ohayashi Sensei (お囃子先生)」

3 カメラアプリを 使おう

　タブレットの カメラアプリを 使って さまざまな物を 撮影してみましょう。撮影した 画像は，友だちに 紹介しましょう。
　カメラアプリを使って おたがいの 「うれしい顔」 を 撮影し合って どんな表情か，みんなで 確認しましょう。

4 絵本アプリで 本を読もう

(1) デジタルブックを 読んでみよう

タブレットの 絵本アプリを 使って 本を読んでみましょう。

デジタルブックは, 文字を 読み上げてくれるので, 音声で 話を 聞くこともできます。

(2) みんなに 発表しよう

大型モニターやプロジェクタに 絵本を映して みんなに お話をしましょう。

学習のふり返り

★タブレットの 使い方が わかりましたか。
★カメラアプリなどの アプリの 使い方が わかりましたか。
□タブレットを 使った学習は どうでしたか。わかったこと, できたことを 書いてみましょう。

●
●
●

12 現場実習に 行こう！

学習のめあて　・準備をして　現場実習に行く。
　　　　　　　・はたらくことの　大切さや　楽しさが　わかる。

現場実習に　行って，はたらくことを　体験しよう。

1 実習先を　知ろう

書いて　みよう！

①実習先の　名前

[　　　　　　　　　　　　　　　　　　　　　　　]

②わたしの　仕事内容

[　　　　　　　　　　　　　　　　　　　　　　　]

2 準備を しよう

(1) 服装は？

①実習に 行くとき
[　　　　　　　　]

②仕事を するとき
[　　　　　　　　]

学校の制服

ジャージ

作業着

ふだん着

(2) 持ち物は？

実習ノート

お弁当

水とう

タオル

着がえ

このほかに 自分の実習に 必要な物は 何でしょうか。

(3) 行き方と 時間は？

①集合場所は？
[　　　　　　　　]

②集合時間は？
[　　　　　　　　]

③行き方は？
[　　　　　　　　]

駅

実習の現地

歩く

電車に乗る

(4) こんなとき, 実習先の人に 何というとよいだろう

①あいさつ
・朝, 実習先の人と 会ったときに。
・実習が 終わって 帰るときに。

②仕事中の「報・連・相」
・自分の仕事が 終わったことを 報告するとき。
・お客さまが 来たことを 連絡するとき。
・仕事の やり方について 相談するとき。

これらは, 「報・連・相」といって 仕事をするときに 大切なことです。

3 実習ノートを 準備しよう

現場実習に 行った日には, 毎日, 実習ノートを 書きましょう。

【実習ノートに 書くこと】
①仕事の内容
②一日の様子
③楽しかったこと
④むずかしかったこと
⑤ほめられたこと

＜実習ノートの例＞

4 わたしの 実習計画

一日の計画表をつくってみよう

家を出てから 帰るまでの
一日の予定を まとめてみよう。

＜実習計画の例＞

時刻	やること
8:00	家を出る
8:40	実習先に着く
	ジャージに着がえる
9:00	仕事開始 野菜のふくろづめ
12:00	昼休み
1:00	午後の仕事 ダンボールの片づけ
3:00	仕事終了
	制服に着がえる
	実習ノートを書く
3:30	実習先を出る
4:10	家に着く

5 現場実習から 帰ってきたら

(1) 実習ノートを まとめよう
　実習で 勉強したことを ふり返りましょう。
　みんなで 実習報告会をしましょう。

(2) お礼の 手紙を 書こう
　実習先の人に，実習の お礼や
感想，勉強になったことを
手紙に書いて 送りましょう。

学習のふり返り

★準備をして 現場実習に 行くことができましたか。
★はたらくことの 大切さや 楽しさが わかりましたか。
□実習に行って はたらいたことで， だれが喜んでくれたでしょうか。
　また，はたらいてみて，あなたが 「うれしいな」と 感じたことを
書いてみましょう。
●

13 実習報告会を しよう！

学習のめあて　・現場実習で 学んだことを まとめる。
　　　　　　　・わかりやすく 発表する。

1 現場実習を 発表しよう

　実習ノートを ふり返りながら，がんばったことや 楽しかったこと，むずかしかったこと，実習先の人から ほめられたことなどを 実習報告会で 発表しましょう。

実習ノートを見て，体験をふり返ろう

2 発表の 準備を しよう

(1) 発表原稿を つくろう
次の項目の メモを つくって 原稿にしよう。
① 自分の名前
② 実習先の名前
③ 自分がやった仕事
④ がんばったこと
⑤ 楽しかったこと
⑥ むずかしかったこと
⑦ ほめられたこと
⑧ みんなに伝えたい わたしの仕事の おすすめポイント

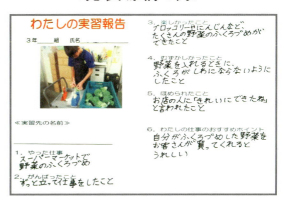

＜発表原稿の例＞

(2) 写真や ビデオなどで わかりやすく 伝えよう

実習のときの 様子を写した写真を はったり，ビデオをモニターに 映したりして，どのような 実習をしたのか，見ている人に わかりやすいように くふうしましょう。

実習の様子を絵にしてもよい

3 実習報告会の 準備を しよう

(1) 仕事を 分担しよう

①案内状を つくる

　友だちや 先生を 招待しましょう。

②会場を 準備する

　みんなが 発表を 見やすいように くふうしましょう。

③司会・はじめの言葉・おわりの言葉

　みんなで 少しずつ 分担しましょう。

> **実習報告会のご案内**
> 日にち：1月25日
> 時間：3，4時間目
> 場所：3年1組教室
> 現場実習で勉強したことを発表します。
> ぜひ来てください。

(2) 発表の 練習を しよう

気をつけること

○声の大きさ　　○話す速さ　　○どこを見て話すか

4 実習報告会を はじめよう

　実習報告会では 友だちの 発表を よく聞きましょう。

　わからないことや，もっと 聞きたいことは 質問しましょう。

質問は，手をあげてしよう

5 まとめを しよう

(1) 実習の 様子の 写真をはろう

(2) 実習報告会をした 感想を 書こう

[　　　　　　　　　　　　　　　　　　　　　　　　　　　　　]

学習のふり返り

★現場実習で 学んだことを まとめることができましたか。
★わかりやすく 発表することができましたか。
□友だちの 発表を聞いて, 自分も やりたいと思った 仕事を 書いて みましょう。

●
●
●

14 自分の 楽しみを 持とう!

学習のめあて
・自由になる 時間(余暇)の 過ごし方が わかる。
・くふうして 余暇を 過ごす 計画を 立てる。

1 生活の リズムを 知ろう

Aくんの一日

学校へ行く日　　　　　　　　　　　　**休みの日**

起きる
朝ごはん

授業・・・・・

・・・・・プール

給食・・・・・・外食

授業・・・・・・・図書館
帰宅・・・・・
宿題・・・・・

・・・・ゲーム

テレビ・・・・・
夕ごはん
入浴
寝る

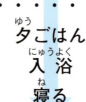

2 生活の リズムと 健康

あなたは どんなときが 楽しい？ 何をすると 元気になる？

本を読む

テレビを見る

ゲームをする

手芸をする

植物を育てる

スポーツをする・見る

動物の世話をする

料理をする

買い物をする

家族との団らん

友だちと遊ぶ

地域活動に参加する

自分の 楽しみを 持とう！

3 休日の 生活の 楽しみ方

(1) 休日に 何をする?

休日は,自由になる 時間が たくさん あります。学校へ行く日には できないこともできます。

休日に やってみたいことを 考えてみましょう。

友だちと となり町の プールに 行きたい！

星座のことを 調べに 図書館へ 行きたいな。

(2) 自由になる 時間を 楽しむ お金のくふう

療育手帳を 見せると 電車や バスや 施設で 料金の 割引が 受けられる 場合もあるよ。

天体望遠鏡を 買うために 銀行や 郵便局で お金を ためているよ。

4 これからの 楽しみ

(1) 最近の生活で 楽しんだこと

あなたは 最近, 何をして 楽しいと思いましたか。

また, これから どのようなことを やってみたいなと思いますか。最近の生活を ふり返って, 楽しく過ごせたことについて, 身近な人にも 聞いてみましょう。

(2) 休日の 計画を 立てよう

休日に 何をしたいかを 決めて, 計画を 立ててみましょう。

- だれと？
- 何をする？
- どこで？
- どうやって行く？
- いつ？
- いくらかかる？

学習のふり返り

★自由になる 時間の 過ごし方が わかりましたか。
★自由になる 時間を くふうして 計画を立てることが できましたか。
□自分が思う 楽しい時間の 過ごし方を 発表しましょう。
□おたがいの 発表を聞いた 感想を 書きましょう。
●
●

自分の 楽しみを 持とう！

15 自分の 将来を 考えよう

学習のめあて　・キャリアマップを 作成する。
　　　　　　　・作文「自分の 将来」を 書いて 発表する。

職業科で 学習した さまざまなこと

植物を育てたよ

パンを焼いたよ

実習の発表をしたよ

1　将来の「夢」

自分の「夢」を 見つけましょう。

スポーツ選手に なりたい

パン屋さんに なりたい

世界旅行がしたい

植木屋さんに なりたい

結婚したい

自分の「夢」を 書きましょう。

[　　　　　　　　　　　　　　　　　　　　　　　]

2 自立って 何だろう

一人で できることに ○をつけてみましょう。

電車・バスに乗る

食事をつくる

買い物をする

服を着る

トイレを済ませる

入浴する

薬を飲む

病院に通う

あいさつをする

話をする

身だしなみを整える

寝る・起きる

自分の 将来を 考えよう！

❸ キャリアマップの 作成

　将来,あなたは どのような自分に なりたいですか。将来を 想像して 自分の キャリアマップを つくって みましょう。

年齢	将来の予定
18歳	(例)○○社に 入社する。○○作業所に 入所する。○○にダンスを 習いにいく。

4 作文「自分の 将来」

(1) 家族への 感謝,自立への 決意・意欲

　幼いころから 今まで自分を育ててくれた 家族への 感謝の 気持ちや 自立への 決意・意欲を 作文にしましょう。

遊んでいるときも見守ってくれた

入学を祝ってくれた

(2) 作文「自分の 将来」の発表

　司会や 発表の順番を 決めて,作文「自分の 将来」の 発表を しましょう。そして,みんなに「家族への 感謝の気持ち」や「自立への 決意・意欲」を 伝えましょう。

学習のふり返り

★自分の キャリアマップを 作成することが できましたか。
★作文「自分の 将来」を書いて 発表することが できましたか。
□友だちが 発表した「家族への 感謝の気持ち」や「自立への 決意・意欲」を聞いて 思ったことを 書いてみましょう。

●
●
●
●

自分の 将来を 考えよう!

■編集著作者
　　全国特別支援教育・知的障害教育研究会

■監修者
　　岩井 雄一　全国特別支援教育推進連盟理事長
　　半澤 嘉博　東京家政大学教授
　　明官　茂　明星大学常勤教授
　　渡邉 健治　東京学芸大学名誉教授

- 表紙デザイン　タクトシステム株式会社
- 本文デザイン　日プリ・アドバ株式会社
- 表紙イラスト　かわさき あつし
- 本文イラスト　ありよしきなこ　磯村仁穂
　　　　　　　（資）イラストメーカーズ（祢津千和子・池和子・futaba）
　　　　　　　キュービック　川野郁代　小鴨成夫　鈴木康代　本山浩子

- 資料提供　　NHK　FLASH教材試作室　team Okina
　　　　　　　株式会社マルフジ羽村店
　　　　　　　特定非営利活動法人秋川流域生活支援ネットワーク
　　　　　　　やまぐちや

職業・家庭 たのしい職業科
わたしの夢につながる

平成28年12月20日　　発行
令和　6年　1月10日　第7刷

　発　行　開隆堂出版株式会社
　　　　　代表者　岩塚太郎
　　　　　〒113-8608　東京都文京区向丘1-13-1
　　　　　電話 03-5684-6116（編集）
　　　　　http://www.kairyudo.co.jp/
　発　売　開隆館出版販売株式会社
　　　　　〒113-8608　東京都文京区向丘1-13-1
　　　　　電話 03-5684-6118（販売）
　印　刷　壮光舎印刷株式会社

- 本書を無断で複製することは著作権法違反となります。
- 乱丁本・落丁本はお取り替えいたします。